www.ingramcontent.com/pod-product-compliance
Lightning Source LLC
LaVergne TN
LVHW010422070526
838199LV00064B/5388
* 9 7 8 9 3 5 8 7 2 2 0 5 5 *

درسِ وفا

(تاریخی مضمون)

مولانا ابوالکلام آزاد

© Taemeer Publications LLC

Dars-e-Wafa (Essay of History)
by: Maulana Abul Kalam Azad
Edition: March '2024
Publisher :
Taemeer Publications LLC (Michigan, USA / Hyderabad, India)

ISBN 978-93-5872-205-5

9 789358 722055

مصنف یا ناشر کی پیشگی اجازت کے بغیر اس کتاب کا کوئی بھی حصہ کسی بھی شکل میں بشمول ویب سائٹ پر
اَپ لوڈنگ کے لیے استعمال نہ کیا جائے۔ نیز اس کتاب پر کسی بھی قسم کے تنازع کو نمٹانے کا اختیار
صرف حیدرآباد (تلنگانہ) کی عدلیہ کو ہو گا۔

کتاب	:	**درسِ وفا** (تاریخی مضمون)
مصنف	:	**مولانا ابوالکلام آزاد**
پروف ریڈنگ / تدوین	:	اعجاز عبید
صنف	:	تاریخ
ناشر	:	تعمیر پبلی کیشنز (حیدرآباد، انڈیا)
سالِ اشاعت	:	۲۰۲۴ء
صفحات	:	۳۲
سرورق ڈیزائن	:	تعمیر ویب ڈیزائن

درس وفا

ابو الکلام آزاد

ہجرت کی تیسری صدی قریب الاختتام ہے۔ بغداد کے تخت خلافت پر المعتضد باللہ عباسی متمکن ہے۔ معتصم کے زمانے سے دارالخلافہ کا شاہی اور فوجی مستقر سامرہ میں منتقل ہو گیا ہے۔ پھر بھی سرزمین بابل کے اس نئے بابل میں پندرہ لاکھ انسان بستے ہیں۔ ایران کے اصطخر، مصر کے ریمس اور یورپ کے روم کی جگہ اب دنیا کا تمدنی مرکز بغداد ہے۔

دنیا کی اس ترقی یافتہ مخلوق کا جسے انسان کہتے ہیں۔ کچھ عجیب حال ہے کہ یہ جتنا کم ہوتا ہے۔ اتنا ہی نیک اور خوش ہوتا ہے اور جتنا زیادہ بڑھتا ہے اتنا ہی نیکی اور خوشی اس سے دور ہونے لگتی ہے۔ اس کا کم ہونا خود اس کے لیے اور خدا کی زمین کے لیے برکت ہے۔ یہ جب چھوٹی چھوٹی بستیوں میں گھاس پھوس کے چھپر ڈال کر رہتا ہے تو کیسا نیک، کیسا خوش اور کس درجہ حلیم ہوتا ہے؟ محبت اور رحمت اس میں

اپنا آشیانہ بناتی ہے اور روح کی پاکیزگی کا نور اس کے جھونپڑوں کو روشن کرتا ہے۔ لیکن جو نہی یہ جھونپڑیوں سے باہر نکلتا ہے اس کی بڑی بڑی بھیڑیں ایک خاص رقبہ میں اکٹھی ہو جاتی ہیں تو اس کی حالت میں کیسا عجیب انقلاب ہو جاتا ہے؟ ایک طرف تجارت بازاروں میں آتی ہے۔ صنعت و حرفت کارخانے کھولتی ہے۔ دولت سر بفلک عمارتیں بناتی ہے حکومت و امارات شان و شکوہ کے سامان آراستہ کرتی ہے۔ لیکن دوسری طرف نیکی رخصت ہو جاتی ہے۔ محبت اور فیاضی کا سراغ نہیں ملتا اور امن و راحت کی جگہ انسانی مصیبتوں اور شقاوتوں کا ایک لازوال دور شروع ہو جاتا ہے۔ وہی انسان کی بستی جو پہلے نیک اور محبت کی دنیا اور راحت کی برکت کی بہشت تھی۔ اب افلاس و مصیبت کا مقتل اور جرموں اور بدیوں کی دوزخ بن جاتی ہے۔ وہی انسان جو جھونپڑیوں کے اندر محبت و فیاضی کی گرم جوشی تھا۔ اب شہر کے سر بفلک محلوں کے اندر بے مہری و خود غرضی کا پتھر ہوتا ہے۔ جب وہ اپنے عالی شان مکانوں میں عیشِ نعمت کے دسترخوانوں پر بیٹھتا ہے تو اس کے کتنے ہی ہم جنس سڑک پر بھوک سے ایڑیاں رگڑتے ہیں۔ جب وہ عیش و راحت کے ایوانوں میں حسن و جمال کی محفلیں آراستہ کرتا ہے تو اس کے ہمسایہ میں یتیموں کے آنسو نہیں تھمتے اور کتنی ہی بیوائیں ہوتی ہیں۔ جن کے بدنصیب سروں پر چادر کا ایک تار بھی نہیں ہوتا۔ زندگی کی قدرتی یکسانی کی جگہ اب زندگی کی مصنوعی مگر بے رحم تفاوتیں ہر گوشے میں نمایاں ہو جاتی ہیں۔

پھر جب انسانی بے مہری اور خود غرضی کے لازمی نتائج ظاہر ہونے لگتے ہیں۔ کمزوری افلاس اور بے نوائی سے مجبور ہو کر بدبخت انسان جرم کی طرف قدم

اٹھاتا ہے تو اچانک دنیا کی زبانوں کا سب سے زیادہ بے معنی لفظ وجود میں آ جاتا ہے۔ یہ قانون اور انصاف ہے۔ اب بڑی بڑی شاندار عمارتیں تعمیر کی جاتی ہیں اور ان کے دروازے پر لکھا جاتا ہے۔

انصاف کے اس مقدس گھر میں کیا ہوتا ہے؟ یہ ہوتا ہے کہ وہی انسان جس نے اپنی بے رحمی اور تغافل سے مفلس کو چوری پر اور نیک انسانوں کو بد اطوار بن جانے پر مجبور کر دیا تھا، قانون کا پُر ہیبت جبہ پہن کر آتا ہے اور فرشتوں کا سا معصوم اور راہبوں کا سا سنجیدہ چہرہ بنا کر حکم دیتا ہے کہ مجرم کو سزا دی جائے۔ کیوں! اس لیے کہ اس نے چوری کی ہے اس بدبخت نے چوری کیوں کی؟ اس لیے کہ وہ انسان ہے اور انسان بھوک کا عذاب برداشت نہیں کر سکتا۔ اس لیے کہ وہ شوہر ہے اور شوہر اپنی بیوی کو بھوک سے ایڑیاں رگڑتے ہوئے دیکھ نہیں سکتا۔ اس لیے کہ وہ ایک باپ ہے اور باپ کی طاقت سے باہر ہے کہ اپنے بچوں کے ان آنسوؤں کا نظارہ کر سکے، جو بھوک کی اذیت سے ان کے معصوم چہروں پر بہہ رہے ہوں۔

پھر اگر بدقسمت انسان قید خانہ اور تازیانہ کی سزائیں جھیل کر بھی اس قابل نہیں ہو جاتا کہ بغیر غذا کے زندہ رہ سکے، تو مقدس انصاف اصلاح اور انسانیت کا آخری قدم اٹھاتا ہے اور کہتا ہے اسے سولی کے تختے پر لٹکا دو یہ گویا انسان کے پاس اس کے ابناء جنس کی مصیبتوں اور شقاوتوں کا آخری علاج ہے۔

یہ ہے انسان کی شہری اور متمدن زندگی کا اخلاق وہ خود ہی انسان کو برائی پر مجبور کرتا ہے اور خود ہی سزا بھی دیتا ہے، پھر ظلم اور بے رحمی کے اس تسلسل کو انصاف کے نام سے تعبیر کرتا ہے۔ اس انصاف کے نام سے جو دنیا کی سب سے

زیادہ مشہور مگر سب سے زیادہ غیر موجود حقیقت ہے۔

چوتھی صدی ہجری کا بغداد دنیا کا سب سے بڑا شہر اور انسانی تمدن کا سب سے بڑا مرکز تھا۔

اس لیے ضروری تھا کہ انسانی آبادی اور تمدن کے یہ تمام لازمی نتائج موجود ہوتے گندگی میں مکھیاں اور دلدل میں مچھر اس تیزی سے پیدا نہیں ہوتے۔ جس تیزی سے شہروں کی آب و ہوا جرم اور مجرموں کو پیدا کرتی ہے۔ بغداد کے قید خانے مجرموں سے بھرے ہوئے تھے۔ پھر بھی اس کی آبادیوں میں مجرموں کی کوئی کمی نہ تھی۔

بغداد میں آج کل جس طرح حضرت شیخ جنید بغدادی کی بزرگی و درویشی کی شہرت ہے۔ اسی طرح ابن سباط کی چوری اور عیاری بھی مشہور ہے۔ پہلی شہرت نیکی کی ہے۔ دوسری بدی کی، دنیا میں بدی، نیکی کی ہر چیز کی طرح اس کی شہرت کا مقابلہ کرنا چاہتی ہے۔ اگرچہ نہیں کر سکتی۔

دس برس سے ابن سباط مدائن کے محل میں قید ہے۔ اس کے خوفناک حملوں سے لوگ محفوظ ہو گئے ہیں تاہم اس کی عیاریوں اور بے باکیوں کے افسانے لوگ بھولے نہیں۔ وہ جب کبھی دلیرانہ چوری کا حال سنتے ہیں تو کہنے لگتے ہیں۔ یہ دوسرا ابن سباط ہے۔ اس دس برس کے اندر کتنے ہی ابن سباط پیدا ہو گئے مگر پرانے ابن سباط کی شہرت کا کوئی مقابلہ نہ کر سکا۔ بغداد والوں کی بول چال میں وہ جرائم کا شیطان اور برائیوں کا عفریت تھا۔

ابن سباط کے خاندانی حالات عوام کو بہت کم معلوم ہیں۔ جب وہ پہلی مرتبہ

سوق النجارین میں چوری کرتا ہوا گرفتار ہوا تو کوتوالی میں اس کے حالات کی تفتیش کی گئی۔ معلوم ہوا یہ بغداد کا باشندہ نہیں ہے۔ اس کے ماں باپ طوس سے ایک قافلے کے ساتھ آرہے تھے راہ میں بیمار پڑ گئے اور مر گئے۔ قافلے والوں کو رحم آیا اور اپنے ساتھ بغداد پہنچا دیا۔ یہ اب سے دو برس پیشتر کی بات ہے یہ دو برس اس نے کہاں اور کیوں کر بسر کیے؟ اس کا حال کچھ معلوم نہ ہو سکا۔ گرفتاری کے وقت اس کی عمر پندرہ سولہ برس تھی۔ کوتوالی کے چبوترے پر لٹا کر اس کو تازیانے مارے گئے اور چھوڑ دیا گیا۔

اس پہلی سزا نے اس کی طبعیت پر کچھ اس بری طرح اثر ڈالا وہ اب تک ایک ڈرا سہما کم سن لڑکا تھا۔ اب اچانک ایک دلیرانہ اور بے باک مجرم کی روح اس کے ان رپیدا ہو گئی۔ گویا اس کی تمام شقاوتیں اپنے ظہور کے لیے تازیانے کی ضرب کی منتظر تھیں۔ مجرمانہ اعمال کے تمام بھید اور بدیوں، گناہوں کے تمام مخفی طریقے، جو کبھی اس کے وہم و گمان میں بھی نہیں گزرے تھے۔ اب اس طرح اس پر کھل گئے۔ گویا ایک تجربہ کار اور مشاق مجرم کا دماغ اس کے سر میں اتار دیا گیا۔ تھوڑے ہی دنوں کے اندر وہ ایک پکا عیار اور چھٹا ہوا جرائم پیشہ انسان تھا۔

اب وہ چھوٹی چھوٹی چوریاں نہیں کرتا تھا۔ پہلی مرتبہ جب اس نے چوری کی تھی تو دو دن کی بھوک اسے نانبائی کی دکان پر لے گئی تھی۔ لیکن اب وہ بھوک سے بے بس ہو کر نہیں بلکہ جرم کے ذوق سے وارفتہ ہو کر چوری کرتا تھا۔ اس لیے اس کی نگاہیں نانبائی کی روٹی پر نہیں بلکہ صرافوں کی تھیلیوں اور سوداگر کے ذخیروں پر پڑتی تھیں۔ دن ہو یا رات، بازار کی منڈی ہو یا امیر کا دیوان خانہ ہر وقت اور ہر جگہ

اس کی کارستانیاں جاری رہتیں۔ اس کے اندر ایک فاتح کا جوش تھا۔ سپہ سالار کا عزم تھا، سپاہی کی مردانگی تھی۔ مدبر کی سی دانش مندی تھی۔ لیکن دنیا نے اس کے لیے یہی پسند کیا کہ وہ بغداد کے بازاروں کا چور ہے اس لیے اس کی فطرت کے تمام جوہر اسی راہ میں نمایاں ہونے لگے، افسوس فطرت کس فیاضی سے بخشتی ہے۔ مگر انسان کس بے دردی سے برباد کرتا ہے۔

کچھ دنوں بعد ابن سباط کی دراز دستیاں حد سے بڑھ گئیں تو حکومت کو خصوصیت کے ساتھ توجہ ہوئی۔ آخر ایک دن گرفتار کر لیا گیا۔ اب یہ کمسن لڑکا نہ تھا۔ شہر کا سب سے بڑا چور تھا۔ عدالت نے فیصلہ کیا کہ ایک ہاتھ کاٹ ڈالا جائے۔ فوراً تعمیل ہوئی اور جلاد نے ایک ہی ضرب میں اس کا پہنچا الگ کر دیا۔

ابن سباط کے ہاتھ کا کٹنا نہ تھا بلکہ سیکڑوں نئے ہاتھوں کو اس کے شانوں سے جوڑ دینا تھا۔ معلوم ہوتا ہے دنیا کے سارے شیطان اور عفریت اس واقعہ کے انتظار میں بیٹھے تھے۔ جوں ہی اس کا ہاتھ کٹا۔ انہوں نے اپنے سیکڑوں ہاتھ اس کے حوالے کر دیئے۔ اب اس نے عراق کے تمام چور اور عیار جمع کر کے اپنا اچھا خاصا جتھا بنا لیا اور فوجی سازو سامان کے ساتھ لوٹ مار شروع کر دی۔ تھوڑے ہی عرصہ کے اندر اس کے دلیرانہ حملوں نے تمام عراق میں تہلکہ مچا دیا۔ وہ قافلوں پر حملے کرتا۔ دیہاتوں میں ڈاکے ڈالتا۔ محل سراؤں میں نقب لگاتا۔ سرکاری خزانے لوٹ لیتا اور پھر یہ سب کچھ اس ہوشیاری اور فرزانگی کے ساتھ کرتا کہ اس پر یا اس کے ساتھیوں پر کوئی آنچ نہ آتی۔ ہر موقعہ صاف بچ کر نکل جاتا۔

لوگ جب اس کے مجرمانہ قصے سنتے تو دہشت و حیرت سے مبہوت رہ جاتے۔

یہ ڈاکو نہیں ہے۔ جرم کی ایک خبیث روح ہے۔ وہ انسان کو لوٹ لیتی ہے مگر انسان اسے چھو نہیں سکتا، یہ بغداد والوں کا متفقہ فیصلہ تھا۔

مگر ظاہر ہے یہ حالت کب تک جاری رہ سکتی تھی۔ آخر وہ وقت آگیا کہ ابن سباط تیسری مرتبہ قانون کے پنجے میں گرفتار ہو جائے۔

ایک موقع پر جب اس نے اپنے تمام ساتھیوں کو بحفاظت نکال دیا تھا اور خود نکل بھاگنے کی تیاری کر رہا تھا۔ حکومت کے سپاہی پہنچ گئے اور گرفتار کر لیا۔ اس مرتبہ وہ ایک رہزن اور ڈاکو کی حیثیت سے گرفتار ہوا تھا۔ اس کی سزا قتل تھی۔ ابن سباط نے جب دیکھا کہ جلاد کی تلوار سر پر چمک رہی ہے تو اس کے مجرمانہ خصائل نے چانک ایک دوسرا رنگ اختیار کر لیا۔ وہ تیار ہو گیا کہ اپنے بچاؤ کے لیے اپنے ساتھیوں کی جانیں قربان کر دے۔ اس نے عدالت سے کہا کہ اگر اسے قتل کی سزا نہ دی جائے تو وہ اپنے جتھے کے تمام چور گرفتار کرادے گا۔ عدالت نے منظور کر لیا۔ اس طرح ابن سباط خود تو قتل سے بچ گیا۔ لیکن اس کے سو سے زیادہ ساتھی اس کی نشاندہی پر موت کے گھاٹ اتار دیئے گئے۔ ان سو چوروں میں سے ایک بھی ایسا نہ تھا جس نے قتل ہونے سے پہلے ابن سباط کے نام پر لعنت نہ بھیجی ہو۔ بدعہدی اور بے وفائی ایسی برائی ہے جسے برے بھی سب سے بڑی برائی سمجھتے ہیں۔

ابن سباط نے اپنے طرز عمل سے ثابت کر دیا کہ وہ جرم سے بھی بڑھ کر برائی کا کوئی ایک درجہ رکھتا تھا۔

بہر حال ابن سباط مدائن کے قید خانے میں زندگی کے دن پورے کر رہا ہے۔ اس کی آخری گرفتاری پر دس برس بیت چکے ہیں۔ دس برسوں کا زمانہ اس کے

لیے کم مدت نہیں ہے کہ ایک مجرم کی سیاہ کاریاں بھلا دی جائیں۔ لیکن ابن سباط جیسے مجرم کے کارنامے مدتوں تک نہیں بھلائے جا سکتے۔ دس برس گزرنے پر بھی اس کے دلیرانہ جرائم کا ذکر بچہ بچہ کی زبان پر ہے لوگوں کو یہ بات تو بھولے سے بھی یاد نہیں آتی کہ ابن سباط ہے کہاں اور کس حالت میں؟ کیونکہ یہ معلوم کرنے کی انہیں ضرورت بھی نہیں ہے البتہ وہ اس کے دلیرانہ کارنامے بھولنا نہیں چاہتے کیونکہ اس تذکرہ میں ان کے لیے لطف اور دلچسپی ہے انہیں ابن سباط کی نہیں اپنی دلچسپیوں کی فکر ہے۔

انسان کی بے مہریوں کی طرح اس کی دلچسپیوں کا بھی کیسا عجیب حال ہے؟ وہ عجیب عجیب اور غیر معمولی باتیں دیکھ کر خوش ہوتا ہے۔ لیکن اس کی پرواہ نہیں کرتا کہ اس کی دلچسپی کا تماشہ کیسی کیسی مصیبتوں اور شقاوتوں کی پیدائش کے بعد ظہور میں آسکا ہے؟ اگر ایک چور دلیری کے ساتھ چوری کرتا ہے تو ی اس کے لیے بڑی ہی دلچسپی کا واقعہ ہے وہ اس کی صورت دیکھنے کے لیے بے قرار ہو جاتا ہے۔ وہ گھنٹوں اس پر رائے زنی کرتا ہے اور وہ تمام اخبار خرید لیتا ہے جس پر اس کی تصویر چھپی ہو یا اس کا تذکرہ کیا گیا ہو۔ لیکن اس واقعہ میں چور کے لیے کیسی شقاوت ہے؟ اور جس مسکین کا مال چوری ہو گیا ہے اس کے لیے کیسی مصیبت ہے؟ اس کے سوچنے کی وہ کبھی زحمت گوارا نہیں کرتا۔

اگر ایک مکان میں آگ لگ جائے تو انسان کے لیے یہ بڑا ہی دلچسپ نظارہ ہوتا ہے۔ سارا شہر امڈ آتا ہے جس کسی کو دیکھو بے تحاشہ دوڑا جاتا ہے۔ لوگ اس نظارہ کے شوق میں اپنا کھانا پینا تک بھول جاتے ہیں۔ اگر چند زندہ انسانوں کے جھلسے

ہوئے چہرے آگ کے شعلوں کے اندر نمودار ہو جائیں اور ان کی چیخیں اتنی بلند ہو ں کہ دیکھنے والوں کے کان تک پہنچ سکیں۔ تو پھر اس نظارہ کی دلچسپی انتہائی حد تک پہنچ جاتی ہے۔ تماشائی جوشِ نظارہ میں مجنوں ہو کر ایک دوسرے پر گرنے لگتے ہیں لیکن انسانی دلچسپی کے اس جہنمی منظر میں اس مکان اور اس کے مکینوں کے لیے کیسی ہلاکت اور تباہی ہے؟ اور جان و مال کی کیسی المناک بربادیوں کے بعد آگ اور موت کی ہولناک دلچسپی وجود میں آسکی ہے؟ اس بات کے سوچنے کی نہ تو لوگوں کو فرصت ملتی ہے نہ وہ سوچنا چاہتے ہیں۔

اگر انسان کے ابناء جنس میں سے ایک بد بخت مخلوق سولی کے تختہ پر لٹکا دیا جائے تو یہ ان تمام نظاروں میں سے جن کے دیکھنے کا انسان شائق ہو سکتا ہے سب سے زیادہ دلکش نظارہ ہے۔ اتنا دلکش نظارہ کی گھنٹوں کھڑے رہ کر لٹکتی ہوئی نعش دیکھتا رہتا ہے۔ مگر اس کی سیری نہیں ہوتی۔ لوگ درختوں پر چڑھ جاتے ہیں ایک دوسرے پر گرنے لگتے ہیں صفیں چیر چیر کر نکل جانا چاہتے ہیں کیوں؟ اس لیے کہ اپنے ہم جنس کو جانکنی میں تڑپنے اور پھر ہوا میں معلق جھولتے دیکھ لینے کی لذت حاصل کرلیں! لیکن جس انسان کے پھانسی پانے سے انسانی نظارہ کا یہ سب سے زیادہ دل کش تماشا وجود میں آیا۔ خود اس پر کیا گزری؟ اور کیوں وہ اس منحوس اور شرمناک موت کا مستحق ٹھہرا؟ سیکڑوں ہزاروں تماشائیوں میں سے ایک کا ذہن بھی اس غیر ضروری اور غیر دلچسپ پہلو کی طرف نہیں جاتا۔

گرمیوں کا موسم ہے، آدھی رات گزر چکی ہے مہینہ کی آخری راتیں ہیں۔ بغداد کے آسمان پر ستاروں کی مجلس شبینہ آراستہ ہے۔ مگر چاند بر آمد ہونے میں

ابھی دیر ہے۔ دجلہ کے پار کرخ کی تمام آبادی نیند کی خاموشی اور رات کی تاریکی میں گم ہے۔

اچانک تاریکی میں ایک متحرک تاریکی نمایاں ہوئی۔ سیاہ لبادے میں ایک لپٹا ہوا آدمی خاموشی اور آہستگی کے ساتھ جارہا ہے۔ وہ ایک گلی سے مڑ کر دوسری گلی میں پہنچا اور ایک مکان کے سائبان کے نیچے کھڑا ہو گیا۔ اب اس نے سانس لی۔ گویا یہ مدت کی بند سانس تھی، جسے اب آزادی سے ابھرنے کی مہلت ملی ہے پھر اس نے آسمان کی طرف نظر اٹھائی "یقیناً تین پہر رات گزر چکی ہے" وہ اپنے دل میں کہنے لگا۔ "مگر کیا بدنصیبی ہے کہ جس طرف رخ کیا ناکامی ہی ہوئی۔ کیا پوری رات اسی طرح ختم ہو جائے گی؟"

یہ خوفناک ابن سباط ہے جو دس برس کی طول طویل زندگی قید خانہ میں بسر کر کے اب کسی طرف نکل بھاگا ہے اور نکلنے کے ساتھ ہی اپنا قدیم پیشہ از سر نو شروع کر رہا ہے۔ یہ اس کی نئی مجرمانہ زندگی کی پہلی رات ہے۔ اس لیے وقت کے بے نتیجہ ضائع جانے پر اس کا بے صبر دل پیچ و تاب کھا رہا ہے۔

اس نے ہر طرف کی آہٹ لی۔ زمین سے کان لگا کر دور دور تک کی صداؤں کا جائزہ لیا اور مطمئن ہو کر آگے بڑھا۔ کچھ دور چل کر اس نے دیکھا ایک احاطہ کی دیوار دور دور تک چلی گئی ہے اور وسط میں بہت بڑا پھاٹک ہے کرخ کے اس علاقہ میں زیادہ تر امراء کے باغ تھے، یا سوداگروں کے گودام تھے اس نے خیال کیا یہ احاطہ یا تو کسی امیر کا باغ ہے یا سوداگروں کا گودام وہ پھاٹک کے پاس پہنچ کر رک گیا۔ اور سوچنے لگا اندر کیوں کر جائے؟ اس نے آہستگی سے دروازہ پر ہاتھ رکھا۔ لیکن اسے

نہایت تعجب ہوا کہ دروازہ اندر سے بند نہیں تھا۔ صرف بھڑا ہوا تھا ایک سیکنڈ کے اندر ابن سباط کے قدم احاطہ کے اندر پہنچ گئے۔

اس نے دہلیز سے قدم آگے بڑھایا تو ایک وسیع احاطہ نظر آیا۔ اس کے مختلف گوشوں میں چھوٹے چھوٹے حجرے بنے ہوئے تھے اور وسط میں ایک نسبتاً بڑی عمارت تھی۔ یہ درمیانی عمارت کی طرف بڑھا۔ عجیب بات ہے کہ اس کا دروازہ بھی اندر سے بند نہ تھا۔ چھوتے ہی کھل گیا۔ گویا وہ کسی کی آمد کا منتظر تھا۔ یہ ایک ایسی بیباکی کے ساتھ جو صرف مشاق مجرموں ہی کے قدموں میں ہو سکتی ہے۔ اندر چلا گیا اندر جا کر دیکھا تو ایک وسیع ایوان تھا۔ لیکن سامانِ راحت و زینت میں سے کوئی چیز بھی نہ تھی۔ قیمتی اشیاء کا نام و نشان نہ تھا۔ صرف ایک کھجور کے پتوں کی پرانی چٹائی بچھی تھی اور ایک طرف چمڑے کا تکیہ پڑا تھا۔ البتہ ایک گوشہ میں پشمینہ کے موٹے کپڑے کے بہت سے تھان اس طرح بے ترتیب پڑے تھے۔ گویا کسی نے جلدی میں پھینک دیئے ہیں اور ان کے قریب ہی بھیڑ کی کھال کی چند ٹوپیاں بھی پڑی تھیں۔ اس نے مکان کی موجودات کا یہ پورا جائزہ کچھ تو اپنی اندھیرے میں دیکھ لینے والی آنکھوں سے لے لیا تھا اور کچھ اپنے ہاتھ سے ٹٹول ٹٹول کر۔ لیکن اس کا ہاتھ ایک ہی تھا یہ بغداد والوں کی بول چال میں "ایک ہاتھ کا شیطان تھا" جو اب پھر قید و بند کی زنجیریں توڑ کر آزاد ہو گیا ہے۔ دس برس کی قید کے بعد ابن سباط کو آج پہلی مرتبہ موقع ملا تھا کہ اپنے دل پسند کام کی جستجو میں آزادی کے ساتھ نکلے۔ جب اس نے دیکھا اس مکان میں کامیابی کے آثار نظر نہیں آتے اور یہ پہلا قدم بیکار ثابت ہو گا تو اس کے تیز اور بے لگام جذبات سخت مشتعل ہو گئے وہ دل ہی دل میں

اس مکان والوں کو گالیاں دینے لگا، جو اپنے مکان میں رکھنے کے لیے قیمتی اشیاء فراہم نہ کر سکے۔ ایک مفلس کا افلاس خود اس کے لیے اس قدر درد انگیز نہیں ہوتا جس قدر اس چور کے لیے جو رات کے پچھلے پہر مال و دولت کی تلاش کرتا ہوا پہنچتا ہے۔ اس میں شک نہیں، پشمینہ کے بہت سے تھان یہاں موجود تھے اور وہ کتنے ہی موٹے اور ادنیٰ قسم کے کیوں نہ ہوں۔ مگر پھر بھی اپنی قیمت رکھتے تھے۔ لیکن مشکل یہ تھی کہ ابن سباط تنہا تھا اور صرف تنہا ہی نہ تھا۔ بلکہ دو ہاتھوں کی جگہ صرف ایک ہاتھ رکھتا تھا۔ وہ ہزار ہمت کرتا، مگر اتنا بڑا بوجھ اس کے سنبھالے سنبھل نہ سکتا تھا۔ وہ تھانوں کی موجودگی پر معترض نہ تھا۔ ان کے وزن کی گرانی اور اپنی مجبوری پر متاسف تھا۔ اتنی وزنی چیز چرا کر لے جانا آسان نہ تھا۔

"ایک ہزار لعنت کرخ اور اس کے تمام باشندوں پر" وہ اندر ہی اندر بڑبڑانے لگا۔

"نہیں معلوم کون احمق ہے جس نے یہ ملعون تھان جمع کر رکھے ہیں؟ غالباً کوئی تاجر ہے لیکن یہ عجیب طرح کا تاجر ہے۔ جسے بغداد میں تجارت کرنے کے لیے کوئی اور چیز نہیں ملی۔ اتنا بڑا مکان بنا کر گدھوں خچروں کی جھول بنانے کا سامان جمع کر دیا۔ اس نے اپنے ایک ہی ہاتھ سے ایک تھان کی ٹٹول ٹٹول کر پیمائش کی "بھلا یہ ملعون بوجھ کس طرح اٹھایا جا سکتا ہے؟" ایک تھان کے اٹھانے کے لیے گن کر دس گدھے ساتھ لانے چاہئیں۔

لیکن بہر حال کچھ نہ کچھ کرنا ضروری تھا۔ رات جا رہی تھی اس نے سوچا جلدی سے ایک دو تھان جو اٹھائے جا سکتے ہیں اٹھا لے۔ مشکل یہ تھی کہ مال کم قیمت مگر

بہت زیادہ وزنی تھا۔ کم لیتا ہے تو بیکار ہے۔ زیادہ لیتا ہے تو لے جانہیں سکتا۔ عجب طرح کی کشمکش میں گرفتار تھا۔ بہر حال کسی نہ کسی طرح یہ مرحلہ طے ہوا۔ لیکن اب دوسری مشکل پیش آئی۔ صوف کا کپڑا بے حد موٹا تھا۔ اسے مروڑ دے کر گرہ لگانا آسان نہ تھا۔ دونوں ہاتھوں سے بھی یہ کام مشکل تھا۔ چہ جائے کہ ایک ہاتھ سے؟ بلاشبہ اس کے پاس ہاتھ کی طرح پاؤں ایک نہ تھا، دو تھے۔ لیکن وہ بھاگنے میں مدد دے سکتے تھے۔ صوف کی گٹھڑی باندھنے کے لیے سود مند نہ تھے۔ اس نے بہت سی تجویزیں سوچیں۔ طرح طرح کے تجربے کیے دانتوں سے کام لیا۔ کٹی ہوئی کہنی سے سرا دبایا۔ لیکن کسی طرح بھی گٹھڑی میں گرہ نہ لگ سکی، وقت کی مصیبتوں میں تاریکی کی شدت نے اور زیادہ اضافہ کر دیا تھا۔ اندرونی جذبات کے ہیجان اور بیرونی فعل کی بے سود محنت نے ابن سباط کو بہت جلد تھکا دیا۔ وقت کی کمی، عمل کا قدرتی خوف، مال کی گرانی، محنت کی شدت اور فائدہ کی قلت اس کے دماغ کے لیے تمام مخالف تاثرات جمع ہو گئے تھے۔

اچانک وہ چونک اٹھا۔ اس کی تیز قوت سماعت نے کسی کے قدموں کی نرم آہٹ محسوس کی۔ ایک لمحہ تک خاموشی رہی۔ پھر ایسا محسوس ہوا، جیسے کوئی آدمی دروازہ کے پاس کھڑا ہے۔ ابن سباط گھبرا کر اٹھ کھڑا ہوا۔ مگر قبل اس کے کہ وہ کوئی حرکت کر سکے۔ دروازہ کھلا اور روشنی نمایاں ہوئی۔ خوف اور دہشت سے اس کا خون منجمد ہو گیا۔ جہاں کھڑا تھا وہیں قدم گڑھ گئے۔ نظر اٹھا کر دیکھا تو سامنے ایک شخص کھڑا ہے۔ اس کے ہاتھ میں ایک شمعدان ہے اور اسے اس طرح اونچا کر رکھا ہے کہ کمرے کے تمام حصے روشن ہو گئے ہیں۔ اس شخص کی وضع و قطع سے اس کی

شخصیت کا اندازہ کرنا مشکل تھا۔ ملگجے رنگ کی ایک عبا اس کے جسم پر تھی، جسے کمر کے پاس ایک موٹی رسی لپیٹ کر جسم پر چست کر لیا تھا۔ سر پر سیاہ قلنسوہ (اونچی دیوار کی ٹوپی) تھی اور اس قدر کشادہ تھی کہ اس کے کنارے ابروؤں کے قریب تک پہنچ گئے تھے۔ جسم نہایت نحیف تھا۔ اتنا نحیف کہ صوف کی موٹی عبا پہننے پر بھی اندر کی ابھری ہڈیاں صاف دکھائی دے رہی تھیں اور قد کی درازی نے جس میں کمر کے پاس خفیف سی خمیدگی پیدا ہو گئی تھی۔ یہ نحافت اور زیادہ نمایاں کر دی تھی۔ لیکن یہ عجیب بات تھی کہ جسم کی اس غیر معمولی نحافت کا کوئی اثر اس کے چہرے پر نظر نہیں آتا تھا۔ اتنا کمزور جسم رکھنے پر بھی اس کا چہرہ کچھ عجیب طرح کی تاثیر و گیرائی رکھتا تھا ایسا معلوم ہوتا تھا جیسے ہڈیوں کے ایک ڈھانچے پر ایک شاندار اور دلآویز چہرہ جوڑ دیا گیا ہے۔ رنگت زرد تھی۔ رخسار بے گوشت تھے۔ جسمانی تنومندی کا نام و نشان نہ تھا۔ لیکن پھر بھی چہرے کی مجموعی ہیئت میں کوئی ایسی شاندار چیز تھی کہ دیکھنے والا محسوس کرتا تھا۔ ایک نہایت طاقتور چہرہ اس کے سامنے ہے۔ خصوصاً اس کی نگاہیں ایسی روشن ایسی مطمئن ایسی ساکن تھیں کہ معلوم ہوتا تھا، دنیا کی ساری راحت اور سکون انہی دو حلقوں کے اندر سما گئی ہے۔

چند لمحوں تک یہ شخص شمع اونچی کیے ابن سباط کو دیکھتا رہا۔ پھر اس طرح آگے بڑھا اسے جو کچھ سمجھنا تھا۔ سمجھ چکا ہے۔ اس کے چہرے پر ہلکا سا زیر لب تبسم تھا ایسا دلآویز اور ایسا شیریں تبسم جس کی موجودگی انسانی روح کے سارے اضطراب اور خوف دور کر سکتی ہے۔ اس نے شمع دان ایک طرف دکھ دیا اور ایک ایسی آواز میں جو شفقت و ہمدردی میں ڈوبی ہوئی تھی۔ ابن سباط سے کہا:

"میرے دوست! تم پر خدا کی سلامتی ہو۔ جو کام تم کرنا چاہتے ہو، یہ بغیر روشنی اور ایک رفیق کے انجام نہیں پا سکتا۔ دیکھو یہ شمع روشن ہے اور میں تمہاری رفاقت کے لیے موجود ہوں۔ روشنی میں ہم دونوں اطمینان اور سہولت کے ساتھ یہ کام انجام دے لیں گے۔"

وہ ایک لمحہ کے لیے رکا۔ جیسے کچھ سوچنے لگا ہے۔ پھر اس نے کہا" مگر میں دیکھتا ہوں تم بہت تھک گئے ہو۔ تمہاری پیشانی پسینہ سے تر ہو رہی ہے۔ یہ گرم موسم بند کمرہ تاریکی اور تاریکی میں ایسی سخت محنت، افسوس، انسان کو اپنے رزق کے لیے کیسی کیسی زحمتیں برداشت کرنی پڑتی ہیں۔ دیکھو! یہ چٹائی بچھی ہے۔ یہ چمڑے کا تکیہ ہے۔ میں اسے دیوار کے ساتھ لگا دیتا ہوں۔"اس نے تکیہ دیوار کے ساتھ لگا کر رکھ دیا" بس ٹھیک ہے اب تم اطمینان کے لیے ٹیک لگا کر یہاں بیٹھ جاؤ اور اچھی طرح سستالو۔ اتنی دیر میں تمہارا ادھورا کام پورا کیے دیتا ہوں۔"اس نے یہ کہا اور ابن سباط کے کاندھے پر نرمی سے ہاتھ رکھ کر اسے بیٹھ جانے کا اشارہ کیا۔ پھر جب اس کی نظر دوبارہ اس کی عرق آلود پیشانی پر پڑی، تو اس نے اپنی کمر سے رومال کھولا اور اس کی پیشانی کا پسینہ پونچھ ڈالا۔ جب وہ پسینہ پونچھ رہا تھا تو اس کی آنکھوں میں باپ کی سی شفقت اور ہاتھوں میں بھائی کی سی محبت کام کر رہی تھی۔

صورتحال کے یہ تمام تغیرات اس تیزی سے ظہور میں آئے کہ ابن سباط کا دماغ مختل ہو کر رہ گیا۔ وہ کچھ سمجھ نہ سکا کہ معاملہ کیا ہے؟ ایک مدہوش اور بے ارادہ آدمی کی طرح اس نے اجنبی کے اشارہ کی تعمیل کی اور چٹائی پر بیٹھ گیا۔ اب اس نے دیکھا کہ واقعی اجنبی نے کام شروع کر دیا ہے۔ اس نے پہلے وہ گٹھڑی کھولی جو

ابن سباط نے باندھنی چاہی تھی۔ مگر نہیں بندھ سکی تھی۔ پھر دو تھان کھول کر بچھا دیے اور جس قدر بھی تھان موجود تھی۔ ان سب کو دو حصوں میں منقسم کر دیا۔ ایک حصہ میں زیادہ تھے۔ ایک میں کم۔ پھر دونوں کی الگ الگ دو گٹھڑیاں باندھ لیں۔ یہ تمام کام اس نے اس اطمینان اور سکون کے ساتھ کیا، گویا اس میں اس کے لیے کوئی انوکھی بات نہ تھی۔

پھر اچانک اسے کوئی خیال آیا۔ اس نے اپنا عبا اتار ڈالی اور اسے بھی گٹھڑی کے اندر رکھ دیا۔ اب وہ اٹھا اور ابن سباط کے قریب گیا۔

" میرے دوست ! تمہارے چہرے سے معلوم ہوتا ہے کہ تم صرف تھکے ہوئے نہیں ہو بلکہ بھوکے بھی ہو۔ بہتر ہو گا کہ چلنے سے پہلے دودھ کا ایک پیالہ پی لو۔ اگر تم چند لمحے انتظار کر سکو تو میں دودھ لے آؤں" اس نے کہا۔ جبکہ اس کے پُر شکوہ چہرہ پر بدستور مسکراہٹ کی دلآویزی موجود تھی۔ ممکن نہ تھا کہ اس کی مسکراہٹ سے انسانی قلب کے تمام اضطراب محو نہ ہو جائیں۔

قبل ازیں اس کے کہ ابن سباط جواب دے، وہ تیزی کے ساتھ لوٹا اور باہر نکل گیا۔

اب ابن سباط تنہا تھا۔ لیکن تنہا ہونے پر بھی اس کے قدموں میں حرکت نہ ہوئی۔ اجنبی کے طرز عمل میں کوئی بات ایسی نہ تھی، جس سے اس کے اندر خوف پیدا ہوتا۔ وہ صرف متحیر و مبہوت تھا۔

اجنبی کی ہستی اور اس کا طور طریقہ ایسا عجیب و غریب تھا کہ جب تک وہ موجود رہا۔ ابن سباط کو تحیر و تاثیر نے سوچنے سمجھنے کی مہلت ہی نہ دی۔

اجنبی کی شخصیت کی تاثیر سے اس کی دماغی شخصیت مغلوب ہوگئی تھی۔ لیکن اب وہ تنہا ہوا تو آہستہ آہستہ اس کا دماغ اپنی اصلی حالت پر واپس آنے لگا۔ یہاں تک کہ تمام خصائل پوری طرح ابھر آئے اور وہ اسی روشنی میں معاملات کو دیکھنے لگا جس روشنی میں دیکھنے کا ہمیشہ سے عادی تھا۔

وہ اجنبی کا متبسم چہرہ اور دلنواز صدائیں یاد کرتا تو، شک اور خوف کی جگہ اس کے اندر ایک ناقابل فہم جذبہ پیدا ہو جاتا، جو آج تک اسے کبھی محسوس نہیں ہوا تھا۔ لیکن پھر جب وہ سوچتا کہ اس تمام معاملہ کا مطلب کیا ہے؟ اور یہ شخص کون ہے؟ تو اس کی عقل حیران رہ جاتی اور کوئی بات سمجھ میں نہ آتی۔ اس نے اپنے دل میں کہا" یہ تو قطعی ہے کہ یہ شخص اس مکان کا مالک نہیں ہے مکان کے مالک کبھی چوروں کا اس طرح استقبال نہیں کیا کرتے...... مگر یہ شخص ہے کون؟

اچانک ایک نیا خیال اس کے اندر پیدا ہوا۔ وہ ہنسا" استغفر اللہ" میں بھی کیا احمق ہوں۔ یہ بھی کوئی سوچنے کی اور حیران ہونے کی بات تھی؟ معاملہ بالکل صاف ہے۔ تعجب ہے مجھے پہلے کیوں خیال نہیں ہوا؟ یقیناً یہ بھی کوئی میرا ہی ہم پیشہ آدمی ہے اور اسی طرح نواح میں رہتا ہے۔ اتفاقات نے آج ہم دونوں چوروں کو ایک ہی مکان میں جمع کر دیا۔ چونکہ یہ اسی نواح کا آدمی ہے اس لیے اس مکان کے تمام حالات سے واقف ہو گا۔ اسے معلوم ہو گا کہ آج مکان رہنے والوں سے خالی ہے اور یہ اطمینان سے کام کرنے کا موقع ہے۔ اس لیے وہ روشنی کا سامان ساتھ لے کر آیا۔ لیکن جب دیکھا کہ میں پہلے سے پہنچا ہوا ہوں تو آمادہ ہو گیا کہ میرا ساتھ دے کر ایک حصہ کا حق دار بن جائے۔

وہ ابھی سوچ ہی رہا تھا کہ دروازہ کھلا اور اجنبی ایک لکڑی کا بڑا پیالہ ہاتھ میں لیے نمودار ہو گیا۔ یہ لو! میں تمہارے لیے دودھ لایا ہوں۔ اسے پی لو! یہ بھوک اور پیاس دونوں کے لیے مفید ہو گا" اس نے کہا اور پیالہ ابن سباط کو پکڑا دیا۔ ابن سباط واقعی بھوکا پیاسا تھا۔ بلا تامل منہ کو لگالیا اور ایک ہی مرتبہ میں ختم کر دیا۔ اب اسے معاملہ کی فکر ہوئی۔ اتنی دیر کے وقفہ نے اس کی طبیعت بحال کر دی تھی۔

"دیکھو! اگرچہ میں تم سے پہلے یہاں پہنچ چکا تھا اور ہاتھ لگا چکا تھا اور اس کے لیے ہم لوگوں کے قاعدہ کے بموجب تمہارا کوئی حق نہیں۔ لیکن تمہاری ہوشیاری اور مستعدی دیکھ لینے کے بعد مجھے کوئی تامل نہیں کہ تمہیں بھی اس مال میں شریک کر لوں۔ اگر تم پسند کرو گے تو میں ہمیشہ کے لیے تم سے معاملہ کر لوں گا۔ لیکن دیکھو! یہ کہے دیتا ہوں کہ آج جو کچھ بھی یہاں سے لے جائیں گے۔ اس میں تم برابر کا حصہ نہیں پاسکتے۔ کیونکہ دراصل آج کا کام میرا ہی کام تھا۔"

اس نے صاف آواز میں کہا۔ اس کی آواز میں اب تاثر نہیں تھا۔ تحکم تھا۔ اجنبی مسکرایا اس نے ابن سباط پر ایک ایسی نظر ڈالی، جو اگرچہ شفقت و مہر سے خالی نہ تھی۔ لیکن ابن سباط سمجھ نہ سکا۔ اس نے خیال کیا۔ شاید یہ شخص اس طریقِ تقسیم پر قانع نہیں ہے۔ اچانک اس کی آنکھوں میں اس کی خوفناک مجرمانہ درندگی چمک اٹھی، وہ غصہ سے مضطرب ہو کر کھڑا ہو گیا۔

"بیوقوف! چپ کیوں ہے؟ یہ نہ سمجھنا کہ دودھ کا ایک پیالہ پلا کر اور چکنی چپڑی باتیں کر کے تم مجھے احمق بنالو گے۔ تم نہیں جانتے میں کون ہوں۔ مجھے کوئی احمق نہیں بنا سکتا۔ میں ساری دنیا کو احمق بنا چکا ہوں۔ بولو اس پر راضی ہو یا نہیں؟

اگر نہیں ہو تو......"

لیکن ابھی اس بات کی پوری نہیں ہوئی تھی کہ اجنبی کے لب متحرک ہوئے۔ اب بھی اس کے لبوں سے مسکراہٹ نہیں ہٹی تھی۔

"میرے عزیز دوست! کیوں بلا وجہ اپنی طبیعت آزردہ کرتے ہو؟ آؤ! یہ کام جلد نپٹا لیں۔ جو ہمارے سامنے ہے دیکھو! میں نے دو گٹھڑیاں باندھ لی ہیں۔ ایک چھوٹی ہے ایک بڑی ہے تمہارا ایک ہاتھ ہے اس لیے تم زیادہ بوجھ نہیں اٹھا سکتے لیکن میں دونوں ہاتھوں سے سنبھال لوں گا۔ چھوٹی گٹھڑی تم اٹھا لو بڑی میں اٹھا لیتا ہوں۔ باقی رہا میرا حصہ جس کے خیال سے تمہیں آزردگی ہوئی ہے تو میں بھی نہیں چاہتا۔ اس وقت اس کا فیصلہ کراؤں تم نے کہا ہے کہ تم ہمیشہ کے لیے مجھ سے معاملہ کر سکتے ہو۔ مجھے بھی ایسا معاملہ پسند ہے۔ میں چاہتا ہوں، تم ہمیشہ کے لیے مجھ سے معاملہ کر لو۔"

"ہاں اگر یہ بات ہے تو پھر سب کچھ ٹھیک ہے۔ تمہیں ابھی معلوم نہیں میں کون ہوں، پورے ملک میں تمہیں مجھ سے بہتر کوئی سردار نہیں مل سکتا" اس نے بڑی گٹھڑی کے اٹھانے میں اجنبی کو مدد دیتے ہوئے کہا۔

یہ گٹھڑی اس قدر بھاری تھی کہ ابن سباط اپنی حیرانی نہ چھپا سکا۔ وہ اگرچہ اپنے نئے رفیق کی زیادہ جرات افزائی کرنا پسند نہیں کرتا تھا۔ پھر بھی اس کی زبان سے بے اختیار نکل گیا۔

" دوست! تم دیکھنے میں تو بڑے دبلے پتلے ہو لیکن بوجھ اٹھانے میں بڑے مضبوط نکلے۔" ساتھ ہی اس نے اپنے دل میں کہا" یہ جتنا مضبوط ہے اتنا عقلمند نہیں

ہے۔ ورنہ اپنے حصے سے دستبردار نہ ہو جاتا۔ اگر آج یہ احمق نہ مل جاتا تو مجھے سارا مال چھوڑ کر صرف ایک دو تھانوں پر قناعت کر لینی پڑتی۔

اب ابن سباط نے اپنے گٹھڑی اٹھائی جو بہت ہی ہلکی تھی اور دونوں باہر نکلے اجنبی کی پیٹھ، جس میں پہلے سے خم موجود تھا۔ اب گٹھڑی کے بوجھ سے بالکل ہی جھک گئی تھی۔ رات کی تاریکی میں اتنا بھاری بوجھ اٹھا کر چلنا نہایت دشوار تھا۔ لیکن ابن سباط کو قدرتی طور پر جلدی تھی۔ وہ بار بار حاکمانہ انداز سے اصرار کرتا کہ تیز چلو اور چونکہ خود اس کا بوجھ بہت ہلکا تھا، اس لیے خود تیز چلنے میں کسی طرح کی دشواری محسوس نہیں کرتا تھا۔ اجنبی تعمیلِ حکم کی پوری کوشش کرتا، لیکن بھاری بوجھ اٹھا کر دوڑنا انسانی طاقت سے باہر تھا، اس لیے پوری کوشش کرنے پر بھی زیادہ تیز نہیں چل سکتا تھا۔ کئی مرتبہ ٹھوکریں لگیں، بارہا بوجھ گرتے گرتے رہ گیا۔ ایک مرتبہ اتنی سخت چوٹ کھائی قریب تھا کہ گر جائے۔ پھر بھی اس نے رکنے یا ستانے کا نام نہیں لیا۔ گرتا پڑتا اپنے ساتھی کے ساتھ بڑھتا ہی رہا۔ لیکن ابن سباط اس پر بھی خوش نہ تھا۔ اس نے پہلے تو دو مرتبہ تیز چلنے کا حکم دیا۔ پھر بے تامل گالیوں پر اتر آیا۔ ہر لمحہ کے بعد ایک سخت گالی دیتا اور کہتا تیز چلو جسر (پل) آیا یہاں چڑھائی تھی۔ جسم کمزور اور تھکا ہوا۔ بوجھ بے حد بھاری۔ اجنبی سنبھل نہ سکا اور بے اختیار گر پڑا۔ ابھی وہ اٹھنے کی کوشش کر ہی رہا تھا کہ اوپر سے ایک سخت لات پڑی یہ ابن سباط کی لات تھی۔ اس نے غضبناک ہو کر کہا۔ کتے کے بیٹے! اگر اتنا بوجھ سنبھال نہیں سکتا تھا تو لاد کر لایا کیوں؟" اجنبی ہانپتا ہوا اٹھا اس کے چہرے پر درد و شکایت کی جگہ شرمندگی کے آثار پائے جاتے تھے۔ اس نے فوراً گٹھڑی اٹھا

کر پیٹھ پر رکھی اور پھر روانہ ہو گیا۔

اب یہ دونوں شہر کے کنارے ایک ایسے حصہ میں پہنچ گئے۔ جو بہت ہی کم آباد تھا، یہاں ایک ناتمام عمارت کا پرانا اور شکستہ احاطہ تھا۔ ابن سباط اس احاطہ کے اندر گیا اور اجنبی نے باہر سے دونوں گٹھڑیاں اندر پھینک دیں۔ اس کے بعد اجنبی بھی کود کر اندر ہو گیا اور دونوں عمارت کے اندرونی حصے میں پہنچ گئے۔ اس عمارت کے نیچے ایک پرانا سرداب (تہ خانہ) تھا، جس میں ابن سباط نے قید خانے سے نکل کر پناہ لی تھی لیکن اس وقت وہ سرداب میں نہیں اترا وہ نہیں چاہتا تھا کہ اجنبی پر بھی اس درجہ اعتماد کرے کہ اپنا اصلی محفوظ مقام دکھلا دے۔ جس جگہ یہ دونوں کھڑے تھے۔ در اصل ایک ناتمام ایوان تھا۔ یا تو اس پر چھت پڑی ہی نہ تھی یا پڑی تھی تو شکستہ ہو کر گر پڑی تھی۔ ایک طرف بہت سے پتھروں کا ڈھیر تھا ابن سباط انہی پتھروں میں سے ایک پر بیٹھ گیا۔ دونوں گٹھڑیاں سامنے دھری تھیں۔ ایک گوشہ میں اجنبی کھڑا ہانپ رہا تھا۔ کچھ دیر تک خاموشی رہی۔

یکایک اجنبی بڑھا اور ابن سباط کے سامنے آ کر کھڑا ہو گیا۔ اب رات ختم ہونے پر بھی پچھلے پہر کا چاند درخشندہ تھا۔ کھلی چھت سے اس کی دھیمی اور ظلمت آلود شعاعیں ایوان کے اندر پہنچ رہی تھیں۔ ابن سباط دیوار کے سائے میں تھا۔ لیکن اجنبی جو اب اس کے سامنے آ کر کھڑا ہو گیا تھا۔ ٹھیک چاند کے مقابل تھا۔ اس لیے اس کا چہرہ صاف دکھائی دے رہا تھا۔ ابن سباط نے دیکھا کہ تاریکی میں ایک درخشاں چہرہ، ایک نورانی تبسم ایک پر اسرار انداز نگاہ کی دلآویزی سامنے ہے۔

"میرے عزیز دوست اور رفیق" اجنبی نے اپنی اسی دلنواز اور شیریں آواز

میں جو دو گھنٹہ پہلے ابن سباط کو بے خود کر چکی تھی۔ کہنا شروع کیا "میں نے اپنی خدمت پوری کر لی ہے اب میں تم سے رخصت ہوتا ہوں۔ اس کام کے کرنے میں مجھ سے جو کمزوری اور سستی ظاہر ہوئی اور اس کی وجہ سے بار بار تمہیں پریشان خاطر ہونا پڑا۔ اس کے لیے میں بہت شرمندہ ہوں اور تم سے معافی چاہتا ہوں۔ مجھے امید ہے کہ تم مجھے معاف کر دو گے۔ اس دنیا میں ہماری کوئی بات بھی خدا کے کاموں سے اس قدر ملتی جلتی نہیں ہے جس قدر یہ بات کہ ہم ایک دوسرے کو معاف کر دیں اور بخش دیں۔ لیکن قبل اس کے کہ میں تم سے الگ ہوں۔ تمہیں بتلا دینا چاہتا ہوں کہ میں وہ نہیں ہوں جو تم نے خیال کیا ہے میں اسی مکان میں رہتا ہوں جہاں آج تم سے ملاقات ہوئی ہے اور تم نے میری رفاقت قبول کر لی تھی۔ میری عادت ہے کہ رات کو تھوڑی دیر کے لیے اس کمرے میں جایا کرتا ہوں۔ جہاں تم بیٹھے تھے۔ آج آیا تو دیکھا، تم اندھیرے میں بیٹھے ہو اور تکلیف اٹھا رہے ہو تم میرے گھر میں میرے عزیز مہمان تھے۔ افسوس! میں آج اس سے زیادہ تمہاری تواضع اور خدمت نہ کر سکا۔ تم نے میرا مکان دیکھ لیا ہے آئندہ جب کبھی تمہیں ضرورت ہو بلا تکلف اپنے رفیق کے پاس چلے آسکتے ہو۔ خدا کی سلامتی اور برکت ہمیشہ تمہارے ساتھ رہے۔"

یہ کہا اور آہستگی سے اس کا ہاتھ اپنے ہاتھ میں لے کر مصافحہ کیا اور تیزی کے ساتھ نکل کر روانہ ہو گیا۔

اجنبی تو خود روانہ ہو گیا۔ لیکن ابن سباط کو ایک دوسرے ہی عالم میں پہنچا دیا اب وہ مبہوت اور مدہوش تھا۔ اس کی آنکھیں کھلی تھیں۔ وہ اسی طرف تک رہی

تھیں جس طرف سے اجنبی روانہ ہوا تھا۔ لیکن معلوم نہیں اسے کچھ سوجھائی بھی دیتا تھا یا نہیں؟

دوپہر ڈھل چکی ہے۔ بغداد کی مسجدوں سے جوق در جوق نمازی نکل رہے ہیں۔ دوپہر کی گرمی نے امیروں کو تہہ خانوں میں اور غریبوں کو دیواروں کے سائے میں بیٹھا دیا تھا۔اب دونوں نکل رہے ہیں ایک تفریح کے لیے دوسرا مزدوری کے لیے لیکن ابن سباط اس وقت تک وہیں بیٹھا ہے۔ جہاں صبح بیٹھا تھا۔ رات والی دونوں گٹھڑیاں سامنے پڑی ہیں اور اس کی نظریں اس طرح ان میں گڑی ہوئی ہیں گویا ان کی شکنوں کے اندر اپنے رات والے رفیق کو ڈھونڈھ رہا ہے۔

بارہ گھنٹے گزر گئے، لیکن جسم اور زندگی کی کوئی ضرورت بھی اسے محسوس نہیں ہوئی۔ وہ بھوک جس کی خاطر اس نے اپنا ایک ہاتھ کٹوا دیا تھا۔اب اسے نہیں ستاتی وہ خوف جس کی وجہ سے سورج کی روشنی اس کے لیے دنیا کی سب سے نفرت انگیز چیز ہو گئی تھی۔ اب اسے محسوس نہیں ہوتا، اس کے دماغ کی ساری قوت صرف ایک نقطہ میں سمٹ آئی وہ رات والے عجیب و غریب "اجنبی" کی ہے۔ وہ خود تو اس کی نظروں سے اوجھل ہو گیا مگر اسے ایک ایسے عالم کی جھلک دکھا دی جو اب تک اس کی نگاہوں سے پوشیدہ تھا۔

اس کی ساری زندگی گناہ اور سیاہ کاری میں بسر ہوئی تھی۔ اس نے انسانوں کی نسبت جو کچھ دیکھا سنا تھا، وہ یہی تھا کہ خود غرضی کا پتلا اور نفس پرستی کی مخلوق ہے وہ نفرت سے منہ پھیر لیتا ہے اور بے رحمی سے ٹھکرا دیتا ہے سخت سے سخت سزائیں دیتا ہے، لیکن وہ نہیں جانتا تھا کہ محبت بھی کرتا ہے اور اس میں فیاضی بخشش اور

قربانی کی بھی روح ہو سکتی ہے۔ بچپن میں اس نے بھی خدا کا نام سنا تھا اور لوگوں کو خدا پرستی کرتے ہوئے بھی دیکھا تھا۔ لیکن جب زندگی کی کشاکش کا میدان سامنے آیا تو اس کا عالم ہی دوسرا تھا۔ اس نے قدم اٹھا دیا اور حالات کی رفتار جس طرف لے گئی بڑھ گیا۔ نہ تو خود اسے کبھی مہلت ملی کہ خدا پرستی کی طرف متوجہ ہوتا اور نہ انسانوں نے کبھی اس کی ضرورت محسوس کی کہ اسے خدا سے آشنا کرتے جوں جوں اس کی شقاوت بڑھتی گئی۔ سوسائٹی کے پاس اس کی شقاوت کے لیے بے رحمی تھی۔ اس لیے یہ بھی دنیا کی ساری چیزوں میں سے صرف بے رحمی کا خوگر ہو گیا۔

لیکن اب اچانک اس کے سامنے سے پردہ ہٹ گیا۔ آسمان کے سورج کی طرح محبت کا بھی ایک سورج ہے یہ جب چمکتا ہے تو روح اور دل کی ساری تاریکیاں دور ہو جاتی ہیں۔ اب یکایک اس سورج کی پہلی کرن ابن سباط کے دل کے تاریک گوشوں پر پڑی اور وہ بیک دفعہ تاریکی سے نکل کر روشنی میں آ گیا۔

اجنبی کی شخصیت اپنی پہلی ہی نظر میں اس کے دل تک پہنچ چکی تھی، لیکن وہ جہالت و گمراہی سے اس کا مقابلہ کرتا رہا اور حقیقت کے فہم کے لیے تیار نہیں ہوا۔ لیکن جونہی اجنبی کے آخری الفاظ نے وہ پردہ ہٹا دیا، جو اس نے اپنی آنکھوں پر ڈال لیا تھا۔ حقیقت اپنی پوری شانِ تاثیر کے ساتھ بے نقاب ہو گئی اور اب اس کی طاقت سے باہر تھا کہ اس تیر کے زخم سے سینہ بچا لے جاتا۔

اس نے اپنی جہالت سے پہلے خیال کیا تھا۔ اجنبی بھی میری ہی طرح کا ایک چور ہے، اور اپنا حصہ لینے کے لیے میری رفاقت و اعانت کر رہا ہے۔ اس کا ذہن یہ تصور ہی نہ کر سکتا تھا کہ بغیر کسی غرض اور نفع کے ایک انسان دوسرے کے ساتھ

اچھا سلوک کر سکتا ہے لیکن جب اجنبی نے چلتے وقت بتلایا کہ وہ چور نہیں، بلکہ اس مکان کا مالک ہے، جس مکان کا مال و متاع غارت کرنے کے لیے وہ گیا تھا تو اسے ایسا محسوس ہوا، جیسے یکایک ایک بجلی آسمان سے گر پڑی۔

"یہ چور نہیں تھا۔ مکان کا مالک تھا۔ لیکن اس نے چور کو پکڑنے اور سزا دلا دینے کی جگہ اس کے ساتھ کیا سلوک کیا؟"کا جواب اس کی روح کے لیے ناسور اور اس کے دل کے لیے ایک دہکتا ہوا انگارہ تھا۔ وہ جس قدر سوچتا روح کا زخم گہرا ہو جاتا اور دل کی تپش بڑھتی جاتی۔ اس تمام عرصہ میں اجنبی کے ساتھ جو کچھ گزرا تھا اس کا ایک ایک واقعہ، ایک ایک حرف یاد کرتا، اور ہر بات کی یاد کے ساتھ ایک تازہ زخم کی چبھن محسوس کرتا۔ جب ایک مرتبہ حافظہ میں یہ سرگزشت ختم ہو جاتی تو پھر نئے سرے سے یاد کرنا شروع کر دیتا اور آخر تک پہنچا کر پھر ابتداء کی طرف لوٹتا" میں اس کے یہاں چوری کرنے کے لیے گیا تھا میں چور تھا میں اس کا مال و متاع غارت کرنا چاہتا تھا میں اسے بھی چور سمجھا۔ اسے گالیاں دیں بے رحمی سے ٹھوکر لگائی........ مگر اس نے میرے ساتھ کیا سلوک کیا؟"ہر مرتبہ اس آخری سوال کا جواب سوچتا اور پھر یہی سوال دہرانے لگتا۔

سورج ڈوب رہا تھا۔ بغداد کی مسجدوں کے مناروں پر مغرب کی اذان کی صدائیں بلند ہو رہی تھیں۔ ابن سباط بھی اپنے غیر آباد گوشہ میں اٹھا۔ چادر جسم پر ڈال دی اور بغیر کسی جھجک کے باہر نکل گیا۔ اب اس کے دل میں خوف نہیں تھا۔ کیونکہ خوف کی جگہ ایک دوسرے ہی جذبہ نے لے لی تھی۔

وہ کرخ کے اس حصہ میں پہنچا۔ جہاں رات گیا تھا۔ رات والے مکان کے

پہچاننے میں اسے کوئی دقت پیش نہیں آئی۔ مکان کے پاس ہی ایک لکڑہارے کا جھونپڑا تھا۔ یہ اس کے پاس گیا اور پوچھا۔

"یہ سامنے بڑا سا احاطہ ہے، اس میں کون تاجر رہتا ہے؟"

تاجر بوڑھے لکڑہارے نے تعجب کے ساتھ کہا:

"معلوم ہوتا ہے تم یہاں کے رہنے والے نہیں ہو۔ یہاں تاجر کہاں سے آیا؟ یہاں تو شیخ جنید بغدادی رہتے ہیں۔"

ابن سباط اس نام کی شہرت سے بے خبر نہ تھا۔ لیکن صورت آشنانہ تھا۔

ابن سباط مکان کی طرف چلا۔ رات کی طرح اس وقت بھی دروازہ کھلا تھا۔ یہ بے تامل اندر چلا گیا۔ سامنے وہی رات والا ایوان تھا۔ یہ آہستہ آہستہ بڑھا اور دروازہ کے اندر نگاہ ڈالی۔ وہی رات والی چٹائی بچھی تھی۔ رات والا تکیہ ایک جانب دھرا تھا۔ تکیہ سے سہارا لگائے "اجنبی" بیٹھا تھا۔ تیس چالیس آدمی سامنے تھے۔ واقعی "اجنبی" تاجر نہیں تھا۔ شیخ جنید بغدادی تھے۔

اتنے میں عشاء کی اذان ہوئی۔ لوگ اٹھ کھڑے ہوئے۔ جب سب لوگ جا چکے تو شیخ بھی اٹھے۔ جونہی انہوں نے دروازہ کے باہر قدم رکھا، ایک شخص بے تابانہ بڑھا، اور قدموں پر گر گیا۔ یہ ابن سباط تھا۔ اس کے دل میں سمندر کا تلاطم بند تھا۔ آنکھوں میں جو کبھی تر نہیں ہوئی تھیں۔ دجلہ کی سوتیں بھر گئی تھی۔ دیر تک رکی رہیں۔ مگر اب نہیں رک سکتی تھیں۔ آنسوؤں کا سیلاب آجائے تو پھر دل کی کون سی کثافت ہے جو باقی رہ سکتی ہے؟

شیخ نے شفقت سے اس کا سر اٹھایا۔ یہ کھڑا ہو گیا۔ مگر زبان نہ کھل سکی اور

اب اس کی ضرورت بھی کیا تھی؟ جب نگاہوں کی زبان کھل جاتی ہے تو منہ کی زبان کی ضرورت باقی نہیں رہتی۔

اس واقعہ پر کچھ عرصہ گزر چکا ہے۔ شیخ احمد ابن سباط کا شمار سید الطائفہ کے حلقہ ارادت کے ان فقراء میں ہے، جو سب میں پیش پیش ہیں۔ شیخ کہا کرتے ہیں "ابن سباط نے وہ راہ لمحوں میں طے کر لی جو دوسرے برسوں میں بھی طے نہیں کر سکتے۔"

ابن سباط کو ۴۰ برس تک دنیا کی دہشت انگیز سزائیں نہ بدل سکیں۔ مگر محبت اور قربانی کے ایک لمحے نے چور سے اہل اللہ بنا دیا۔

* * *

مولانا آزاد کے یادگار خطبات

مولانا آزاد کے تین خطباتِ بہاولپور

مصنف : مولانا ابوالکلام آزاد

بین الاقوامی ایڈیشن منظر عام پر آ چکا ہے